# BEI GRIN MACHT SICH IHR WISSEN BEZAHLT

Gebhard Deißler

# Schrippen versus Wecken: Ein innerdeutsches Dilemma

GRIN Verlag

**Bibliografische Information der Deutschen Nationalbibliothek:**

Die Deutsche Bibliothek verzeichnet diese Publikation in der Deutschen National-
bibliografie; detaillierte bibliografische Daten sind im Internet über http://dnb.d-
nb.de/ abrufbar.

**Impressum:**

Copyright © 2013 GRIN Verlag GmbH
Druck und Bindung: Books on Demand GmbH, Norderstedt Germany
ISBN: 978-3-656-56645-8

**Dieses Buch bei GRIN:**

http://www.grin.com/de/e-book/208254/schrippen-versus-wecken-ein-innerdeutsches-
dilemma

**GRIN - Your knowledge has value**

Der GRIN Verlag publiziert seit 1998 wissenschaftliche Arbeiten von Studenten, Hochschullehrern und anderen Akademikern als eBook und gedrucktes Buch. Die Verlagswebsite www.grin.com ist die ideale Plattform zur Veröffentlichung von Hausarbeiten, Abschlussarbeiten, wissenschaftlichen Aufsätzen, Dissertationen und Fachbüchern.

**Besuchen Sie uns im Internet:**

http://www.grin.com/

http://www.facebook.com/grincom

http://www.twitter.com/grin_com

# Gebhard Deißler D.E.A./UNIV. PARIS I

# Schrippen versus Wecken

## Ein innerdeutsches Dilemma

CULTURE   RESEARCH

KULTUR FORSCHUNG

RECHERCHE CULTURE

BÚSQUEDA CULTURAL

RICERCA   CULTURALE

跨文化的智慧精髓

Uтранскультурная

Interkulturelles - u. Transkulturelles Management (German)

Intercultural &Transcultural Management (English)

Gestion Interculturelle et Gestion Transculturelle (French)

Gerencia Intercultural y Gerencia Transcultural (Spanish)

Gerência Intercultural e Gerência Transcultural (Portuguese)

跨文化的智慧精髓 - kua wen hua de zhi hui jing sui (Chinese)

транскультурная компетенция - transkulturnaja
kompetencija (Russian)

toransukaruchā　・ manējimento (Japanese)
トランスカルチャー　・　マネジメント

Vishua Chaytana (Sanskrit)

# Von Schrippen und Wecken und ihrer tieferen kulturellen Bedeutung

## Die kulturelle Interpretation einer intrakulturellen Nord-Süd Verwerfung

« Vérité en-deçà des Pyrénées, erreur au-delà. »

„Die Wahrheit diesseits der Pyrenäen ist ein Irrtum jenseits der Pyrenäen."

(Blaise Pascal, mathématicien,

philosophe)

(Blaise Pascal, Mathematiker

und Philosoph)

Panem nostrum cotidianum da nobis hodie - unser tägliches Brot gib uns heute... so lehrt es das Vaterunser und einzige Gebet, das uns von dem Mensch gewordenen Schöpfer dieser Welt als dem Menschen gebührendes Gebet, als Vermächtnis und Ermächtigung, den Schöpfer in unser tägliches Leben und auch in die zentrale Frage der Sicherstellung und Verfügbarkeit von Leben erhaltendem Brot einzubeziehen, hinterlassen hat. Der Mensch ist so geschaffen, dass er ohne das, was wir als Brot, in der Bedeutung von physischer, wie auch geistiger Nahrung, verstehen, nicht überleben kann.

Alles im Leben hat jedoch eine kulturelle Ausprägung, da der Mensch ein zeiträumlich bedingtes Wesen ist. So auch das Brot, inklusive seiner Bezeichnungen, die zwangsläufig raum-zeitlich-kulturell relative Prägungen annehmen. Und ebenso damit einher geht eine kulturell diverse Prägung des Menschen und die daraus entstandene mentale Software oder die kulturelle Konditionierung durch den gesamtkulturellen Kontext, die der Mensch über Generationen internalisiert hat. Diese Verstärkung der Konditionierung durch den vitalen Kontext des Menschen wird mit der Zeit gewissermaßen somatisiert und bedingt sogar nicht nur die mentale Software des menschlichen Geistes, sondern aufgrund der Wechselwirkung zwischen Geist und Körper auch die Nuancen der gesamten psychophysischen Prägung des Menschen. Und die Sprache bildet gewissermaßen das Bindeglied zwischen Geist und Körper und bedingt deren Strukturen und Funktionen mit.

Wenn man also von der Tatsache der das Köperschema mitbedingenden Kultur, wovon die Sprache aufgrund ihrer die Gestalt des Menschen im weiteren Sinne bedingenden Wirkung auf der Basis der Tatsache, dass sie die singuläre kulturelle Prägung zum Ausdruck bringt und somit ein strukturell-funktionell prägendes Potential besitzt, ausgeht, dann kann man die Echauffierung der Gemüter in Zusammenhang mit kulturellen Missverständnissen und Kommunikationsfehlleistungen im Bereich des unabdingbar vitalen Brot für den Menschen recht einordnen.

Das Brot an der Nahtstelle der biologischen und deren singulären kulturell ausgeprägten Existenz kann in der Tat kulturelle Verwerfungslinien biologisch potenziert aufwerfen. Dies kann auch, wie es viele Völker und nicht nur unser deutsches Volk kriegsbedingt erfahren haben, durch die im Unterbewusstsein gespeicherte und immer noch, insbesondere beispielsweise bei kulturellen Herausforderungen in diesem Bereich, verstärkt werden und Konflikte mitlauslösen, die man in der Überflussgesellschaft nunmehr bewältigt glaubte, die aber nach wie vor, global betrachtet, wenn auch hier gesellschaftskulturell verdrängt, noch eine Rolle spielen und die auch hier wieder jederzeit eine existenzielle Dimension annehmen können, wie uns die wissenschaftlichen Umwelt- und Zukunftsszenarien nahelegen.

Um einen scheinbar geringfügeigen Auslöser eines intrakulturellen Konfliktes zu verstehen ist es zunächst erforderlich, den Gesamtkontext zu verstehen, der sich somit, unter anderen, aus den erwähnten Faktoren ergibt:

1. Die universelle Dimension des Brotes, die physische und geistige

2. Die kulturelle, identitätsstrukturierende Ausprägung der universellen Dimension

3. Die geschichtliche Erfahrung der Präkarität des Brotes und der damit einhergehenden Erfahrung der Verknüpfung des Brotes mit der Permanenz individueller Permanenz der Existenz.

4. Die Sicherung dieses Brotes in der Zukunft, die durch diverse wissenschaftliche Zukunftsszenarien gespeist über Kulturen und Zivilisationen hinweg nicht gewährleistet ist.

Wenn das Vaterunser diese Realität des Brotes anspricht, dann hat sie  - und der Mensch erkennt es immer wieder und nicht zuletzt auch in dem im Titel angesprochenen kulturellen Scharmützel um die kulturell angemessene Terminologe für dieses vitale Quid oder gewisse Etwas, ohne das der Mensch nicht existenzfähig wäre - gewiss eine überzeitliche Bedeutung für den Menschen. Die hohe kulturelle Sensibilität in diesem Bereich ist also unter biologischen, kulturellen und überzeitlichen Gesichtspunkten durchaus verständlich. Eine oberflächliche Attribuierung als intrakulturelles Kommunikationsmissmanagement und kultureller Fauxpas wird der Sache nicht ganz gerecht.

Und im Zuge der epochalen Säkularisierung und Relativierung dieses überzeitlichen Wertes des physisch-geistig-kulturellen Brotes, geht auch der Sinn der geistigen Dimension des Brotes verloren, denn der Mensch lebt nicht nur von diesem Brot mit seinen kulturellen Ausprägungen allein, sondern auch vom Wort des Schöpfers im absoluten Sinne, das als die Quelle von Schöpfung und Leben im christlichen Sinne betrachtet werden kann:

Aus dieser Zusammenfassung ergibt sich also ein interdependenter physisch-geistig-kultureller Komplex, den man in die Betrachtung der Frage des Brotes einbeziehen sollte. Geschieht dies im Bewusstsein der Akteure und isoliert man nicht das eine zugunsten des anderen, so können beispielsweise kulturelle Verwerfungslininen, die an der kulturellen Oberfläche auftreten können, leichter überbrückt werden.

Die damit einhergehende Echauffierung der kulturrelativen Gemüter, die über die kuluradäquate oder nichtadäquate Terminologe ausgelöst werden kann, ist über die Frage nach der gesamtmenschlichen Identität und der tiefen emotionalen Verankerung in kulturellen Wertepräferenzen zu verstehen. Aufgrund der transgenerationalen psychophysischen und somit identitätsstiftenden kulturellen Konditionierung, die im Wege eines die Lebensbasis tangierenden Rituals – wie beispielsweise beim Brotkaufen – mit dem Sinn, Zweck und Ziel der kulturellen Identitätserneuerung und Festigung inszeniert wird, kann man das Konfliktpotential einer die kulturelle Identität berührenden Sache ermessen.

Wird das Ritual nicht korrekt vollzogen, so wird es als die kulturelle und somit individuell singuläre Identität der Akteure unterminierend statt konsolidierend erfahren, das heißt, in einer die gesamtmenschliche Identität korrumpierender Weise. Die Sprache als Trigger und Auslöser kulturkonformer oder nichtkonformer und somit identitätsstiftender und konsolidierender oder untergrabender Erfahrung spielt als Epitom und daher als Steuerungselement der kulturellen Identität eine Rolle aufgrund ihres Geist-Köper integrierenden Dimension, könnte man sagen; also aufgrund ihres Kreativpotentials. Und dies umsomehr, als der deutsche

Kommunikationsstil von Kulturforschern, wie dem Anthropologen Edward Hall als kontextarm, das heißt schwerpunktmäßig text- oder sprachfokussiert eingeordnet wird. Nachfolgend sei die Kommunikationskulturforschung des Anthropologen kurz zusammen gefasst:

---

Der amerikanische Anthropologie Edward T. Hall definierte Kultur als Kommunikation und Kommunikation als Kultur. Demnach würde die Art und Weise der Kommunikation einer der maßgeblichsten Parameter für die Kulturforscher im Hinblick auf die Bestimmung des Kulturprofils einer Kulturgruppe sein. Basierend auf dieser Kulturdefinition hat er alle Kulturen der Welt auf einem bipolaren Kontinuum von kontextarm bis kontextreich positioniert.

**Kontextreichere versus kontextärmere Landeskulturen**

**Higher versus Lower Context Communication Countries**

**(Siehe Abb. auf folgender Seite)**

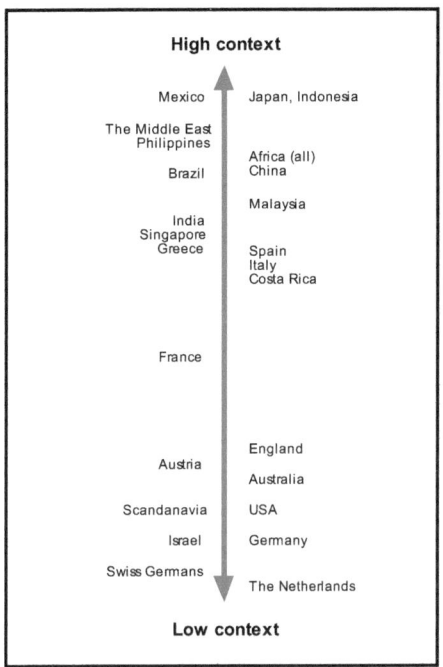

Anm.: Die high context oder kontextreichen Kulturen am oberen Ende kommunizieren vor allem über den Kontext, während die low context oder kontextarmen Kulturen am unteren Ende schwerpunktmäßig über das gesprochene und geschriebene Wort kommunizieren; man kann auch von impliziter vs. expliziter Kommunikation sprechen.

**Quelle: WorldWork Ltd, London**

Die kontextarmen Kulturen (low context) kommunizieren vornehmlich über das gesprochene und das geschriebene Wort, während die kontextreichen (high context) Kulturen vornehmlich über den Kontext, der alles umfasst, was nicht sprachliche Kommunikation ist, kommunizieren.

Kontextarme und kontextreiche Kulturen haben auch verschiedene Raum-, Zeit- und Informationsflusskonzeptionen und Präferenzen, die man folgendermaßen zusammenfassen kann:

## E.T. Hall's 4-D Model

| D1 | D2 | D3 | D4 |
|---|---|---|---|
| **Communication Style** | **Temporal Conception** | **Space Conception** | **Information Flow** |
| High Context (focus context) | Polychronic (synchronous) | Open Space (open office system) | Free flow (are informed) |
| Low Context (focus.on text) | Monochronic (sequential) | Closed Space (individual office system) | Controlled flow (have to be informed |

Space conception: LC: stronger sense of territoriality/personal space; HC: weaker sense of territoriality/more flexible personal space conception
(Open office system, officeless open system or "open system" (Japan) vs. Individual system in US/France)

Anm.: Kontextarme und kontextreiche kulturelle Kommunikationsstile (D1) haben auch ein unterschiedliches Zeitverständnis (D2), Raumverständnis (D3) und Informationsflussbedürfnisse (D4).

HC bedeutet high context und LC bedeutet low context.

Über dieses 4-dimensionale Kulturmodell Halls gibt es bei Bedarf vielfältige Internet Ressourcen. Hier geht es nur um eine interkulturelle Systematisierung menschlicher Kommunikation mit ihren vier Dimensionen D1 bis D4 in der obigen Tabellierung.

Basierend auf Inter-cultural Management Workbook, University of Cambridge, 2004

Diese Forschung, die hier eine managementorientierte Anwendung findet, zeugt von der Erkenntnis der Bedeutung der Kommunikation als beziehungsbedingendes, wie auch Raum, Zeit und Informationsfluss strukturierendes Medium (siehe obige Systematisierung der Kommunikationsforschungsergebnisse Halls gegen Ende des 20. Jahrhunderts), aber sie bezieht sich lediglich auf die kulturell und persönlich diverse Kommunikationsart und den Kommunikationsstil, während sie jedoch, in Einklang mit dem Prinzip der kulturellen Relativität,  keine Aussage über die Qualität und die Ethik der Kommunikation macht, denn man kann mit jedem Kommunikationsstil human oder inhuman kommunizieren. Dies bedeutet, dass hinter und über allen kulturell und persönlich diversen Kommunikationsstilen auch noch eine weitere, die Kommunikationsqualität bestimmende Dimension, verborgen ist. Man könnte sie als den Geist der Kommunikation bezeichnen.

---

Vom Strandpunkt der interkulturellen Forschung betrachtet spielt hier also die kulturell angemessene Terminologie eine größere Rolle als in impliziteren sozialen Interaktionen kontextreicherer Kommunikationskulturen, wo weniger die Wortwahl, als die Absicht und das Gesamtverhalten, also der Gesamtkontext der Akteure eine Rolle spielt. Wenn die Interaktion allein von der verbalen Dimension abhängt, so kommt dieser ein großer Stellenwert in der Kommunikation zu und man muss die Worte vorsichtig wählen. Diese kulturelle Sensibilität  und gegenseitige Rücksicht aufgrund der wissenschaftlichen Kommunikationskulturerkenntnis könnte ein Hebel für die Lösung des intrakulturellen Kommunikationskonfliktes sein und ihn mildern. Aufgrund der Dimension der Identität und der Erwartung der Identitätsbestätigung durch das intrakulturell angemessene Ritual, die hier eine Rolle spielen und aufgrund der tiefen emotionalen Verankerung im Kontext der Identitätslogik ist es aber schwierig, das nicht kulturkonforme Ritual ganz von seiner Konfliktträchtigkeit zu befreien, da es sich, wie gesagt, um eine sehr  langfristige, emotional befrachtete und Gesamtidentität stiftendes Ritual handelt.

Sich mit dem kulturellen Missmanagement der Akteure hier zufriedenzugeben, hieße, einen Preis inbezug auf seine eigene Identitätserfordernis zu bezahlen und die gesamte Last des kulturellen Interfacing tragen zu müssen, wenn die erwartete kulturell-sprachliche Inszenierung des kulturellen Rituals nicht erwartungsgemäß inszeniert wird. Das gilt für alle an der sozialen Interaktion beteiligten. Die kulturelle Anpassung gehört aber als Kulturkompetenz zu einer Dienstleistung, denn das Brot hat eben nicht nur eine kommerzielle Dimension, sondern auch eine bedeutsame geistige und kulturelle.

Vom Managementstandpunkt betrachtet ist die auf dem Selbstreferenzkriterium basierende Attitude – die die eigenkulturelle Prägung und Erfordernis implizit als das Maß der Kommunikation betrachtet im beruflichen Umfeld Zeichen einer mangelnden eigen- wie auch fremdkultureller Bewusstheit. Interkulturelle Bewusstheit, Wissen und Kompetenzen und deren praktische Anwendung sind hier erforderlich und dies umso mehr, wenn der berufliche Akteur an nationalen oder internationalen multikulturellen Schnittstellen eine berufliche Rolle spielt, zu deren Ausübung die kulturelle Anpassung ebenso wie die fachlichen Kompetenz gehörten. Eine einseitige Priorisierung des Sachbezuges zulasten des menschlichen und kulturellen stellt eine Nichtintegration des Sach (eher kontextarm) - Beziehungs (eher kontextreich) - Kontinuums dar. Deren Nichtintegration führt zu einer defizitären Kommunikationsperformance und kulturellem Missmanagement. In deren Balance besteht effektive Kommunikation.

Wenn einer mit der falschen Terminologie bedient wird, so könnte man im Hinblick auf die involvierten geistig-körperlichen Prozesse sagen, dann werden fremdkulturelle Prozesse, die nicht den kulturellen und persönlichen Identitätserfordernissen entsprechen, initialisiert. Und dann reagiert der Mensch geistig und körperlich, da er durch die kulturell-sprachlich unangemessene Handlung die Aufrechterhaltung seiner unabdingbaren Identität beeinträchtigt sieht. Er reagiert emotional, da die Kultur im sozialanthropologischen Sinne der identitätsstiftenden Konditionierung die Nahtstelle zu seiner Grundstruktur bildet, die kulturell geprägt ist.

Brot als physisch-geistig-kulturelle Nahrung ist mehr als Kommerz. Und einige Kulturen, auch die unserer französichen Nachbarn, haben, obschon sie viel weniger regionale kulturelle Botvarianten haben, noch ein wenig vom sakralen Charakter des Brotes in unserer Zeit hinübertransportiert. Das Bewusstsein des sakralen Charakters des Brotes positioniert den Menschen gleich welcher Kultur auf einer universellen Ebene, die ihren Teil zur intrakulturellen interkulturellen Problemlösung beitragen kann. Und ein Verhalten, das diesen sakralen Wert des Brotes missachtet und kulturelle Agenden und Machtansprüche aufzuoktroyieren sucht, stellt einen Tabubruch dar, der in jeder Gesellschaft Sanktionen nach sich zieht.

Man kann auch argumentieren, dass im gesellschaftlichen Bereich Macht eine ebenso zentrale Rolle spielt, wie die Energie in der Physik und dass die Aufoktroyieren von fremdkulturellen Verhaltens-Patterns Kultur als Machtfaktor einsetzt und missbraucht, die den, der sich anpassen muss, unterzuordnen und zu beherrschen sucht. Dieses Verhalten ist ethisch unkorrekt und zeugt von geringer sozialer Intelligenz und Solidarität. Kulturell entspricht es der niedrigsten Stufe der interkulturellen Entwicklung und nimmt die  Gestalt des Ethnozentrismus und Parochialismus an. Siehe nachfolgendes IDM Modell der interkulturellen Entwicklung eines anderen amerikanischen Kulturforschers, nämlich M. Bennets. Nachfolgend sei dieses Modell kurz dargestellt. Das Modell ist in einen Auszug aus meiner Management bezogenen Erörterung in anderem Zusammenhang eingebettet:

-------------------------------------------------------------------------------------------------------

…Nun gibt es drei prinzipielle Antworten auf die Diversität vor unseren Augen: In den sogenannten universalistischen Kulturen, wie den Vereinigten Staaten beispielsweise, verbietet das Gesetz die Diskriminierung der Menschen aufgrund ihrer ethnischen, kulturellen Zugehörigkeit. Man möchte per Gesetz die Gleichheit durchsetzen. Das heißt, man trägt der Diversität wenig Rechnung, sei es in der

Gesellschaft oder auch in den Betrieben. Eine andere Antwort wäre partikularistischer Natur und würde heißen, dass man kulturelle Diversität nicht minimiert und nicht verdrängt, sondern sie als das sieht, was sie ist, nämlich Diversität und verschiedene Modelle der Koexistenz entwickelt, die die Unterschiedlichkeit anerkennen und respektieren. Eine dritte Antwort besteht darin, dass man die Diversität systematisch sucht, um sie als strategischen Erfolgsfaktor zu nutzen. Die dritte Antwort ist die des interkulturellen Managements. In Antwort 1 sieht man von der Diversität ab, in Antwort 2 sieht man die Diversität und respektiert sie, in Antwort 3 sieht man sie, respektiert sie und darüber hinaus sucht man sie strategisch zu nutzen. Zwischen Verneinung und synergistischer Nutzung der Diversität gibt es viele Nuancen und Stufen der interkulturellen Entwicklung, die unter anderem in Milton Bennetts IDM-Modell (Interkulturelles Entwicklungs-Modell) in sechs Entwicklungsstufen systematisch erfasst wurden. Das Modell dieses amerikanischen Kulturforschers besteht aus drei ethnozentrischen und drei weiterführenden ethnorelativen Entwicklungsstufen interkultureller Sensibilisierung und Bewusstheit. Eine Standortbestimmung auf dieser interkulturellen Entwicklungsskala zeigt uns interkulturelle Entwicklungsdefizite und Entwicklungspotenziale auf. Diese Erörterung kann bestimmt dazu beitragen, von der ethnozentrischen Phase der Stufen eins bis drei in die ethnorelative Phase der Stufen vier bis sechs fortzuschreiten, ja selbst weit darüber hinaus, wenn man meinen ganzheitlichen Ansatz miteinbezieht. Nachfolgend eine kurze Skizzierung des IDM-Modells, das Teil des von mir entworfenen interkulturellen/transkulturellen Profilers ist:

**Stufe 1 (Verneinung):** Man kann überhaupt keine kulturellen Unterschiede erkennen.

**Stufe 2 (Defensive Einstellung):** Fremdkulturelles wird negativ bewertet.

**Stufe 3 (Minimisierung):** Man erkennt Unterschiede in der objektiven Kultur im Bereich der Sitten und Gebräuche an, betrachtet aber die Grundwerte aller

Menschen als gleich.

**Stufe 4 (Akzeptanz):** Man erkennt und würdigt kulturelle Unterschiede.

**Stufe 5 (Anpassung):** Man entwickelt die Fähigkeit des kybernetischen Denkens, das heißt, die Fähigkeit, die kulturelle Überschneidungssituation von der Warte aller beteiligten Kulturen, bzw. deren Repräsentanten zu betrachten zu können. Man sollte aber nicht alle Mitglieder einer Gesellschafts- oder Nationalkultur in einen Topf werfen. Auch wenn man Hofstedes Dimensionen und deren Indexwerte für die Beschreibung von Kulturen und deren Vergleich verwendet, ist es ratsam, entsprechend neuerer kultureller Forschung, diese Werte zu präzisieren, indem man eine Aufteilung in sogenannte kulturell Normale, Marginale und Hypernormale vornimmt, entsprechend dem Grad, in dem die kulturellen Wertepräferenzen durch die Vertreter der Kultur zum Ausdruck kommen. Darüber hinaus hat auch noch jeder Einzelnen sein singuläres kulturelles Profil. Die Gaussche Normalverteilung bringt das anschaulich zum Ausdruck.

**Stufe 6 (Integration):** Hier wird der kulturelle Perspektivenwechsel zur zweiten Natur und zu einem Kreativitätsfaktor durch die Nutzung der verschiedenen verfügbaren kulturellen Alternativen und Optionen, die man in seine Sichtweise miteinbezieht.


2001 war also ein Paukenschlag, der das 21. Jahrhundert einläutete und aller Welt deutlich machte, dass es eine neue Ost-West Kulturfront, eine interkulturelle Verwerfung gibt und zwar die zwischen moslemischem Fundamentalismus und dem nicht-moslemischen Westen. Die Islamisten sprechen von einem Kreuzzug gegen den Islam, westliche Staatsmänner sprechen von einem weltweiten Krieg gegen den Terror und Schurkenstaaten. Beide legitimieren ihre Anschauung durch ihre kulturellen Werte, die Werte, die aus der Religion abgeleitet werden auf der einen Seite, gegen die Werte der westlichen Demokratien auf der anderen Seite. Der Kampf der Kulturen ist also ein Kampf der Werte. Die Wertigkeit der Werte entzieht sich aber eines objektiven Maßstabes. Sie sind kulturbedingt.

An der ökonomischen Front beobachten wir globale Unternehmenszusammenschlüsse, die hart daran arbeiten müssen, Ihre unterschiedlichen - wenn auch westlichen – Kommunikations- und Managementkulturen auf einen Nenner zu bringen. Der Arcelor Chef sagte kürzlich, dass der Zusammenschluss mit dem indischen Stahl-Giganten Mittal aus kulturellen Gründen unmöglich sei.

Politisch wie wirtschaftlich, national wie international, privat wie gesellschaftlich, ist die Interkulturalität eine zentrale Gegebenheit und Erfolg oder Misserfolg in zentralen Bereichen des Lebens - vielleicht sogar die Überlebenschancen der Menschheit - hängen mehr und mehr von der Fähigkeit ab, Diversität und insbesondere interkulturelle und internationale Diversität erfolgreich zu managen.

Erfolgreiches Kulturmanagement besteht aber nicht nur darin, dass man die mit der Diversität verbundenen Konfliktpotentiale entschärft, sondern vielmehr, dass man lernt, widersprüchliche Werte darüber hinaus als strategischen Erfolgsfaktor zu nutzen. Kulturell bedingte Konflikte zu vermeiden oder interkulturelle Konfliktlösung - falls sie bereits mangels interkultureller Kompetenz entstanden sind - und systematische Nutzung scheinbar widersprüchlicher kultureller Bedingtheiten, kultureller Hintergründe, national wie international, um optimalere Lösungen und Leistungen zu Wege bringen, als es in einem monokulturellen Umfeld möglich wäre, sind Ziele der interkulturellen Kompetenzentwicklung. Die erfolgreiche Lösung dieser Fragen ist eine Antwort auf zentrale ethische, politische, ökonomische und individuelle Fragestellungen und Probleme, denen sich der Mensch an der Schwelle des dritten Jahrtausends bisweilen hilflos, ja sogar fassungslos, ausgesetzt fühlt und sieht.

....

Quelle: Transcultural Management – Transkulturelles Management, Deißler, GRIN 2009

Unter dem Blickwinkel des IDM Modells der interkulturellen Entwicklung besteht die Lösung also in der progressiven Hinentwicklung von der ethnozentrischen zur ethnorelativen Phase, i.e. den Stufen 4, 5 etc., in denen man verschiedene kulturelle Perspektiven würdigen und sich entsprechend ihrer kulturellen Normen – und sei es nur in Erfüllung einer sozialen Rolle - bewegen kann.

In unserem Land hatte bislang die nationale Einheit die höchste Priorität und die Betrachtung kultureller Differenzen und ihre öffentliche Thematisierung wäre als Beeinträchtigung dieses historischen Leitmotivs erachtet worden. Da nun ein gewisses Maß an politsicher Einheit erreicht ist, wird es auch allmählich möglich sein, sich der intrakulturellen Diversität dieses Landes und ihrem kulturellen Verwerfungspotential zuzuwenden und auf diesem Weg, über die politische nationale Einheit hinaus, auch die diese vollendende kulturelle Integration zu erlangen. Dazu sind, in der deutschen realpolitischen Tradition, eine konstruktive Betrachtung und nicht das Unter-den-Teppich-Kehren und Stigmatisieren und das Missmanagement nationalkultureller Diversität, die schließlich eine Ressource darstellt, erforderlich, sofern man sie entsprechend dem Prosperität generierenden Algorithmus **Kulturelle Diversität – Kreativität – Innovation – Wohlstand** managen kann.

Und last, but not least, kann man hinzufügen, dass, unter dilemmatheoretischem Blickwinkel, die sprachliche Synergieformel dialektaler Ausdrucksformen nach wie vor das das Deutsche prägende Hochdeutsch ist, obschon das im besonderen Maße kulturelle und persönliche Identität Stiftende lokaler Ausdrucksweisen demokratisch, pluralistisch und nicht zuletzt auch kulturell gesehen legitim sind.

**Die Diversität ist die am weitesten verbreitete Eigenschaft.**

(Spruch)